AF338390

M. L'ABBÉ HALLUIN

ET

SON ÉTABLISSEMENT

M. L'ABBÉ HALLUIN

ET

SON ÉTABLISSEMENT

1868

MÉMOIRE

*Adressé à l'Institut par M. le Maire d'Arras
sur M. Halluin & sur son Etablissement*

Depuis que M. Halluin s'est voué à l'œuvre qu'il poursuit avec tant de persévérance et de succès, sa vie n'a été qu'un acte continu de dévouement pour ceux qu'il appelle si justement ses enfants et pour tous ceux qui souffrent, et de l'abnégation la plus absolue. Ces vertus bénies de Dieu ont produit les résultats les plus heureux et les plus touchants.

Quelques faits pris au hasard vont être cités, mais à titre d'exemple seulement, car dans cette existence vraiment digne du Maître qui l'inspire, il ne s'est peut-être pas passé une journée qui n'ait été sanctifiée par des faits semblables.

L'amour de ses enfants est sa passion dominante, et en même temps son bonheur.

« Pendant les 4 ans que j'ai passés avec lui — écrit le
« digne prêtre qui a été et est encore son collaborateur
« —je n'ai pas cessé d'admirer son dévouement extraordi-

« naire pour ses enfants ; dévouement de tous les instants,
« car je puis vous assurer que son unique pensée est leur
« bonheur et leur bien-être. Il y pense continuellement, le
« jour, la nuit ; c'est le sujet habituel de ses conversations
« avec les personnes qui habitent avec lui ; sa sollicitude
« paternelle s'étend du plus grand au plus petit jusque dans
« les moindres détails. Il a pour eux la fermeté d'un père
« jointe à la tendresse d'une mère. Il ne les perd jamais de
« vue, dans l'intérieur de la maison aussi bien que dans
« les ateliers où ils travaillent, ateliers qu'il visite chaque
« semaine avec le plus grand soin, profitant de ces visites
« pour donner des encouragements ou parfois des répri-
« mandes, suivant les besoins de chacun. Mais c'est surtout
« dans l'intérieur de sa maison que son dévouement appa-
« raît tout entier. Il ne quitte jamais ses enfants ; depuis
« 4 heures et demie du matin l'été et 5 heures l'hiver,
« jusqu'à 10 ou 11 heures du soir, il est toujours avec
« eux. Il préside lui-même au lever, à la prière, à l'é-
« tude ; leur fait le catéchisme, etc., etc. Il préside aussi à
« toutes les récréations, se mêlant à leurs jeux, à leurs
« conversations, etc., donnant à l'un un bon conseil, ré-
« primandant doucement un autre, encourageant celui-ci,
« consolant celui-là.... Voilà sa vie !

« Durant leur repas, il est là encore, mangeant au milieu
« d'eux, souvent à la même table, partageant leur nourri-
« ture. Bien des fois, je l'ai vu se priver de la sienne
« pour en faire part à des enfants qui se plaignaient de
« n'en avoir pas assez,... et le fait n'est pas arrivé une fois
« en passant, mais presque tous les jours, au point que j'ai
« dû, après quelque temps de présence chez lui, demander
« que les maîtres ne mangeassent plus au réfectoire. Il

« y a consenti par égard pour moi seulement, car il me
« disait souvent que son bonheur serait de ne pas être
« nourri autrement que ses enfants.

   «Pendant leur sommeil, il est encore là, couchant au
« milieu d'eux ; il ne prend de repos qu'après s'être assuré
« que tous sont endormis ; il se lève deux ou trois fois la
« nuit, pour les visiter, les recouvrir lorsqu'ils sont dé-
« couverts, les soulageant quand ils sont malades, descen-
« dant chercher lui-même à la cuisine ce qui leur est né-
« cessaire et souvent veillant près d'eux une partie de la
« nuit quand ils sont en danger. Je l'ai vu bien des fois
« attendre à la porte jusqu'à une heure avancée de la nuit
« un de ses enfants qui n'était pas rentré, allant même
« chercher par la ville la brebis égarée et, à sa rentrée,
« loin de brusquer l'enfant qui souvent s'était laissé en-
« traîner, il lui reprochait doucement sa faute, lui faisait
« apercevoir *la peine que cette faute lui causait*, puis il le
« conduisait coucher ; quelquefois même, il le déshabillait.
« Il était bien rare que ces marques de tendresse ne fissent
« pas impression sur l'enfant.

   «Il les aime tant, qu'il trouve toujours moyen de les ex-
« cuser ! Quand on lui fait remarquer que tel ou tel enfant
« va très-mal, qu'il ne tient aucun compte des observa-
« tions, que les punitions n'ont aucun effet sur lui et qu'il
« est nécessaire de le renvoyer, il arrive toujours à trouver
« à cet enfant un bon côté ; il fait tant d'objections qu'on
« finit par se ranger de son avis. Il a pour principe que
« sa maison est faite pour recevoir les enfants le plus mal-
« heureusement doués et qu'il doit tâcher de les changer,
« car, s'ils ne changent pas chez lui, ils sont perdus ; aussi
« il ne met un enfant à la porte que s'il ne trouve plus

« aucun moyen d'en tirer parti, et, après l'avoir chassé, il
« le reprend souvent pour peu qu'il promette de s'amender.
« Il dit, à cette occasion, que si un bon père met un en-
« fant à la porte, il ouvre la fenêtre pour lui permettre de
« rentrer. Ainsi, récemment, il avait cru, à titre d'exemple,
« devoir finir par renvoyer deux enfants des hospices de
« Paris après leur avoir adressé les conseils les plus tou-
« chants. Inquiet sur leur sort, il se rend à Paris quelque
« temps après ; il demande à la commission administrative
« des hospices ce qu'elle compte faire de ces malheureux :
« on lui répond qu'on ne peut que les mettre en appren-
« tissage à Paris ou les enfermer à la Roquette, s'ils sont
« incorrigibles... Le bon père s'effraie pour l'avenir des
« deux orphelins, et il les ramène à Arras.

« Il y a quelques mois, on le pressait de rendre à leur
« père deux enfants qui, depuis 5 ou 6 ans, sont chez lui,
« parce que ce père refusait — bien qu'il pût le faire faci-
« lement — de payer leur pension ; je lui faisais remarquer
« qu'ils tenaient la place de deux autres plus malheureux.
« C'est vrai, me dit-il, mais si je les renvoie chez leur
« père, ils vont retomber dans le vice, quitter leur état et
« devenir de véritables vagabonds... Je ne pus qu'admirer
« sa charité et n'en parlai plus.

« Quand ses enfants adoptifs l'ont quitté, il leur envoie
« chaque année en moyenne de 5 à 10 francs, soit pour leurs
« étrennes, soit pour leurs besoins, car tous ces jeunes
« gens le considèrent comme leur père, et sa maison est
« toujours la leur. Ils lui écrivent tous au moins une fois
« chaque année et beaucoup d'entre eux plusieurs fois, et le
« bon père ne manque jamais de leur répondre une lettre
« pleine de bons conseils, d'encouragements, de consola-

« tions ou parfois de réprimandes,... et souvent il place
« dans cettre lettre un petit mandat sur la poste.

« Toutes les fois que ses anciens enfants sous les dra-
« peaux obtiennent un congé, ils ne manquent pas de venir
« le passer chez leur père Halluin, et quand ils ont fini
« leur congé, c'est encore lui qui les reçoit, les nourrit,
« leur donne d'autres habits et leur procure une place. —
« Il accueille toujours avec bonté ceux qui, n'ayant pas
« réussi, reviennent chercher dans la maison paternelle
« asile et protection. L'un d'eux venait de se marier et ne
« possédait plus qu'un mauvais lit qu'il tenait de M. Hal-
« luin ; il vient trouver son bon père qui se met aussitôt
« en mesure de l'emménager, et bientôt notre jeune homme
« est monté d'ustensiles de cuisine, de draps de lit, de pail-
« lasse, de couverture... Le lendemain M. Halluin va vi-
« siter la petite chambre du jeune ménage ; un meuble es-
« sentiel y manque : un poêle ; il fait enlever celui qu'il
« avait dans sa propre chambre et le lui envoie. Dans une
« autre circonstance tout à fait semblable, il lui arriva en-
« core de meubler un jeune ménage et de lui donner un
« bon poêle ; cette fois, je lui dis : Si vous y allez de ce
« train-là, que ferez-vous cet hiver pour chauffer vos en-
« fants ? — Oh ! me dit-il, d'ici là le bon Dieu y pourvoira !

« Quelquefois il ne se borne pas à meubler la chambre
« des jeunes mariés, il paie leur loyer ; s'il n'ont pas
« d'ouvrage, il leur en donne ; il leur procure du pain,
« des vêtements, des outils, de l'argent, et, par les sympa-
« thies qu'il inspire, il sait trouver la layette des nouveaux-
« nés... qui peut-être viendront bientôt prendre place dans
« sa famille !

« En ce moment même (novembre 1858) deux de ses

« enfants ont été admis comme boursiers du département
« à l'école normale de Dohem ; mais ils n'avaient qu'une
« demi-bourse et devaient fournir leur trousseau , le sup-
« plément de pension et les trousseaux ont été payés par
« M. Halluin, qui assure ainsi leur avenir. » —N'est-ce pas
encore par amour pour ses enfants qu'il a consenti à donner lui-même l'historique de son œuvre? Il a espéré que la
connaissance de cette œuvre amènerait quelques nou-
velles ressources à sa nombreuse famille, et il a fallu ce
mobile tout-puissant pour le déterminer à faire une révé-
lation qui blesse sa modestie.

Sa charité ne s'arrête pas à ses enfants ; elle s'étend sur
un bon nombre de familles d'Arras. « Il me serait difficile,
« dit son collaborateur, de citer des faits bien détaillés à
« ce sujet, car souvent la main gauche ne sait pas ce que
« donne la main droite, à plus forte raison les personnes
« qui habitent avec lui ; cependant je dirai ce que j'ai vu.

« Dans les années de cherté, alors qu'il avait tant de
« mal à donner du pain à ses enfants, bien des fois il don-
« nait des pains entiers à de pauvres familles qui venaient
« se plaindre à lui ! Un soir, vers 9 heures, une femme
« avec trois enfants vient sonner chez lui ; son propriétaire
« l'avait mise à la porte parce qu'elle ne pouvait pas payer
« son loyer. M. Halluin la fait entrer, et après l'avoir fait
« souper, ainsi que ses enfants, il lui donne l'argent néces-
« saire pour trouver un gîte pour la nuit ; il conserve les
« deux enfants, qu'il fait coucher chez lui, et, le lende-
« main, il employa son influence pour trouver de quoi lo-
« ger cette famille.

« Vous parlerai-je d'un grand nombre d'ouvriers tail-
« leurs et cordonniers qui, n'ayant pas d'ouvrage, viennent

« le trouver et s'en vont rarement sans avoir obtenu non-
« seulement du travail, mais le paiement anticipé de ce
« travail... Assez souvent il a été payé deux fois avant
« d'être fait ! Un jour, la façon d'une paire de bottines
« avait ainsi été soldée deux fois ; M. Halluin dut la faire
« reprendre inachevée, dans la crainte que le malheureux
« ouvrier ne l'engageât au Mont-de-Piété. »

Tout entier à ses enfants et à ceux qui souffrent, M. Halluin s'oublie complétement lui-même. Sa fortune, qui dépassait 60,000 fr., a été presque entièrement absorbée par son œuvre. Sa santé, heureusement excellente, a quelquefois fléchi sous le poids de ses fatigues. Un jour, après une maladie qui l'avait retenu au lit quelque temps, il veut, malgré les observations qui lui sont faites, reprendre trop tôt ses fonctions d'aumônier à l'Hospice des Vieillards, et il tombe anéanti au pied de l'autel... Nous l'avons vu à la table de ses enfants mettant son bonheur à vivre comme eux, leur donnant même sa part d'aliments ; — nous l'avons vu dormant ou plutôt veillant au milieu d'eux : il place quelquefois dans son propre lit quelqu'un de ses anciens enfants qui viennent lui demander asile. Ce lit n'est pas le meilleur du dortoir. « Un jour, dit son collaborateur, le
« voyant un peu souffrant, je lui enlevai sans rien dire
« sa paillasse de zostère et la remplaçai par un matelas en
« laine. Le lendemain, je ne fus pas peu surpris de voir qu'il
« l'avait changé contre la paillasse d'un enfant malade ; je
« lui remis de nouveau le matelas ; mais, le jour sui-
« vant, même répétition... Alors, craignant de ne rien
« gagner en lui en faisant l'observation, j'eus recours
« à un bienfaiteur de la maison, pour lequel il a une
« grande déférence, et il conserva le matelas. J'ai constaté

« plusieurs fois qu'il s'était dépouillé de ses couvertures
« pour les porter à des enfants qui avaient froid, se ser-
« vant même souvent de ses vêtements pour les couvrir,
« et conservant à peine pour lui-même une mauvaise cou-
« verture. Une fois même, il s'est dépouillé de son caleçon
« et de son gilet de flanelle pour le donner à un de ses
« enfants qui souffrait de rhumatisme. Il y a quelque temps
« une personne charitable ayant appris qu'il avait donné
« son gilet de laine à un pauvre, lui en envoya un autre ;
« j'ignore s'il l'a mis plus de 15 jours.

« Souvent il a donné ses chemises à des pauvres qui en
« manquaient. Son ancienne domestique, femme de con-
« fiance qu'il tenait de sa mère et qui même l'avait élevé,
« m'a dit bien des fois : M. Halluin n'est vraiment pas rai-
« sonnable ; il donne tout ce qu'il a ; sa mère l'avait parfai-
« tement monté en linge de table, de lit et de corps, et en
« service d'argent ; et voilà qu'il n'a plus rien ! »

Absorbé par l'amour de ses enfants, il supporte sans
se plaindre et même sans aucune émotion apparente de petites souffrances qui, pour tout autre, seraient intolérables.
La réunion d'un si grand nombre d'enfants recueillis presque tous dans un état d'affreuse misère, rend impossible,
malgré tous les soins de propreté, la suppression d'insectes
dont les morsures sont des plus gênantes ; M. Halluin, pendant la nuit surtout, est constamment exposé à leurs atta-
ques ; on en trouvait, dans les premiers temps surtout,
par centaines dans son lit. Une femme qui s'occupe de
ses vêtements y a compté un jour 250 de ces insectes,.. et
cependant jamais on ne l'a entendu s'en plaindre ni en ma-
nifester le moindre ennui. Son collaborateur l'a seulement
vu plusieurs fois passer la main sur sa poitrine pour y sai-

sir quelques-uns de ces ennemis acharnés et s'en débar-
rasser.

On dirait que tout ce qui touche aux pauvres malheureux qu'il adopte est purifié pour lui ! Ainsi un de ses enfants
était atteint d'une infirmité qui infectait et pourrissait ses
literies ; M. Halluin emploie son linge personnel et jusqu'à
ses mouchoirs pour entretenir cet enfant dans un état de
propreté nécessaire à sa santé et par ses soins persévérants,
il le guérit de cette triste infirmité.

Une charité aussi absolue devait nécessairement ré-
pandre autour de M. Halluin les bienfaits les plus touchants,
car, grâce au ciel, la vertu aussi est contagieuse ! Non-seu-
lement il a arraché à la misère et au vice des centaines
d'enfants qui seraient restés dégradés et auraient été un
fléau pour la société, et en a fait des hommes utiles ; il est
aussi pour les maîtres chez qui il les place en apprentissage, un ami, un confident, un consolateur. Beaucoup
d'entre eux ont été secourus par lui, d'autres momentané-
ment égarés sont redevenus, grâce à lui, de bons ouvriers,
de bons pères de famille ; mais c'est surtout chez ses enfants bien aimés qu'il cherche à développer les belles vertus dont il leur donne l'exemple. Il leur inspire le goût
du travail, qui est le lot de tous, dans notre société, mais
surtout le leur. Pour les habituer à l'économie qui leur
sera si nécessaire, il a créé dans sa maison une caisse d'é-
pargne, et il paie 10 p. 100 des dépôts ; il ajoute même des
récompenses pour ceux qui y versent le plus exactement une
partie, sinon la totalité des petits profits qu'ils reçoivent
chez leurs patrons. Cet argent leur sert à acheter des outils,
des vêtements ou quelques objets utiles, et le surplus est
placé à la caisse d'épargne de la ville d'Arras. — En jan-
vier 1858, il a été versé 398 fr. à cette caisse.

Sous un pareil maître, les qualités du cœur sont celles qui se développent d'une manière vraiment édifiante.

Tous les premiers dimanches du mois, jour de sortie pour les enfants, deux pauvres femmes trouvent du pain pour toute la semaine, grâce à la charité de ces enfants qui se privent de leur souper, au moins en grande partie, pour le mettre dans les paniers de ces vieilles femmes !

De plus, M. Halluin a établi une petite conférence des pauvres au milieu de ses enfants pauvres, et chaque dimanche, un certain nombre d'enfants se partagent pour aller visiter trois ou quatre familles qu'ils ont adoptées , et pour leur porter les petites économies qu'ils ont faites pendant la semaine, avec 1 franc ou 50 centimes ajoutés par leur bon père : ils trouvent moyen d'épargner quelques sous en se privant de goûter une ou deux fois dans la semaine, et M. Halluin leur remet en échange un sou ou deux pour leurs pauvres. « J'ai surpris , dit encore « l'ami du saint abbé, un enfant qui pendant près de trois « semaines avait donné presque tous les jours la moitié de « son déjeûner à un pauvre ! »

Finissons par le fait suivant qui nous a peut-être le plus ému ! Pendant près de six semaines un enfant était puni chaque jour parce qu'il rentrait trop tard, et subissait toujours sa punition sans murmurer ; M. Halluin, étonné de ces persistantes infractions de la part d'un enfant dont il était d'ailleurs satisfait, s'informe et apprend que cet admirable enfant emploie chaque jour la plus grande partie de ses heures de repas et un peu de sa soirée pour faire un ouvrage qu'il veut offrir à son père Halluin le jour de sa fête ! N'est-ce pas le digne fils de M. Halluin et le cœur de celui-ci a t-il jamais dû être plus heureux qu'en apprenant un pareil trait ?

Ces notes très-incomplètes suffiront pour faire connaître à l'Académie, M. Halluin et son œuvre.

Si, parmi les candidats qui lui sont présentés, elle en trouve qui aient été plus vertueux et surtout qui aient fait plus de bien, qu'elle leur décerne le prix fondé par M. de Monthyon, et, applaudissant à son jugement, nous remercierons Dieu d'avoir donné à la France des bienfaiteurs vraiment providentiels ; mais si personne n'a mieux mérité la couronne instituée par ce grand homme de bien, que l'Académie la dépose sur la tête de M. l'abbé Halluin et elle secondera ainsi son œuvre admirable, en attirant sur elle la bienfaisante sympathie de tous les gens de bien et en la signalant à l'imitation des hommes dévoués qui se sentiraient au cœur le souffle sacré qui inspire le saint Vincent de Paul artésien.

L'Académie, dans sa séance du 25 août 1859, sur le rapport de M. Guizot, a décerné à M. Halluin sa plus haute récompense, un prix de 3,000 fr.

Voici le rapport de M. Guizot publié dans le *Moniteur* du 26 août 1859 :

« . . . . C'est à un ecclésiastique qu'appartient le
« premier des trois prix que l'Académie croit devoir donner. Il y a quatorze ans, en 1845, M. l'abbé Halluin était
« simple vicaire de la paroisse de Saint-Jean-Baptiste à
« Arras ; dans l'exercice de ses pieuses fonctions, en pré-

« parant les familles du quartier à la première commu-
« nion, il fut douloureusement frappé de l'état d'abandon,
« de misère, de grossièreté et de licence dans lequel vi-
« vaient de pauvres enfants vagabonds, livrés tout le jour
« à eux-mêmes par la détresse ou l'insouciance de leurs
« parents, et qu'il voyait dans les rues en proie à leur
« délaissement et à leurs vices. Il s'intéressa d'abord à
« quelques-uns, pourvut à leurs besoins, les attira au
« catéchisme, les plaça en apprentissage chez d'honnêtes
« ouvriers.

« Le bien a, comme le mal, sa puissance d'attraction et
« de contagion ; une bonne œuvre commencée avec foi, se
« développe et s'étend rapidement ; celle de M. l'abbé
« Halluin devint bientôt pour lui une de ces vocations, j'ai
« presque dit de ces passions vertueuses qui s'emparent de
« toute l'âme et de toute la vie : deux ans à peine écoulés,
« en 1847, avec l'assentiment de ses supérieurs, il donna
« sa démission de son modeste vicariat, et se voua complé-
« tement aux enfants et aux jeunes vagabonds. Il en re-
« cueillit une vingtaine, se logea avec eux dans une pauvre
« maison ; vendit, pour les entretenir, presque tout son
« petit patrimoine, travailla avec eux, invoqua pour eux
« et attira sur eux la charité pieuse et la sympathie publi-
« que. Trois ans après, en 1850, il en avait trente-cinq,
« établis avec lui dans une maison plus vaste, une ancienne
« filature, que, de ses mains et des leurs, il avait adaptée
« à sa destination. Depuis cette époque, les pauvres petits
« vagabonds sont accourus ; les dons et les legs sont
« venus ; l'établissement dépense maintenant chaque année
« près de 40,000 francs, employés avec autant de bonté
« tendre que d'économie. M. l'abbé Halluin n'a jamais

« douté de son succès ; quand on lui demandait d'où lui
« viendraient les ressources qu'exigeait son entreprise, il
« répondait : « C'est l'affaire de la Providence » ; quand
« on lui exprimait quelque inquiètude sur l'efficacité de
« ses soins : « Il n'appartient qu'à Dieu, disait-il, de juger
« si définitivement l'œuvre est bonne ; en attendant, je
« tâche qu'elle le devienne un peu plus chaque jour. »
« Aujourd'hui, cent soixante-dix [1] enfants ou jeunes gens,
« naguère sans ressource, sans asile, sans état, sans édu-
« cation, vivent autour de M. l'abbé Halluin, s'élèvent
« chrétiennement, se forment sous son affectueuse disci-
« pline, à des sentiments, à des habitudes, à des profes-
« sions honnêtes. Plus de deux cents élèves sont déjà sortis
« de l'établissement, et l'abbé Halluin n'a pas cessé de
« veiller sur eux. Quand ils restent dans le pays, il les
« visite, les marie, baptise leurs enfants, leur vient en aide
« de toute manière. L'un d'eux, au moment de se marier,
« manquait des objets les plus nécessaires à son petit éta-
« blissement ; l'abbé Halluin, après les lui avoir donnés,
« va voir lui-même la chambre du jeune ménage, il trouve
« qu'un meuble essentiel, un poële, y manque ; rentré
« chez lui, il fait enlever celui de sa propre chambre, et
« l'envoie aux nouveaux mariés. D'autres, parmi ses élèves,
« dispersés au loin et dans les diverses voies de la vie, la-
« boureurs, ouvriers, soldats, restent en rapport avec
« l'abbé Halluin, lui écrivent, le consultent, et lui donnent
« la plus douce récompense qu'il puisse recevoir en ce
« monde, le spectacle de leur bonne conduite et le témoi-
« gnage durable de leur reconnaissante affection.

[1] Maintenant (décembre 1867) il y en a DEUX CENT QUATRE-VINGT-CINQ.

« L'Académie, heureuse d'associer le nom de M. de Mon-
« tyon à cette œuvre excellente, décerne à M. l'abbé Hal-
« luin un prix de 3,000 francs. »

*Déjà, le 26 décembre 1858, M. le comte de Tanlay,
préfet du Pas-de-Calais, dans la distribution des récompenses départementales qu'il a instituées avec le concours
du Conseil général, avait décerné en ces termes la première
de ces récompenses à M. Halluin en présence de la popu-
lation d'Arras, qui l'admire et qui l'aime.*

« L'innovation que nous oserons recommander le plus
« vivement à l'attention de notre honorable assistance,
« s'applique à des personnes que leur modestie tiendrait
« à l'écart si nous n'allions en quelque sorte les prendre
« par la main pour les forcer à entendre ici vanter les
« belles actions qu'elles pratiquent ailleurs dans un re-
« cueillement mystérieux.

« On nous a dit : Mais ces vertus cultivées dans l'ombre
« ne seront-elles pas effarouchées par l'éclat ?

« La publicité ne va-t-elle pas importuner le saint amour
« de Dieu et des hommes qui les inspire ?

« Nous n'avons pas eu cette crainte. Leur mobile est su-
« périeur aux vains scrupules ; leur but les élève ; que
« leur notoriété les honore en excitant à les imiter !

« Fort de cette conviction, nous avons inscrit les prix de
« vertu parmi ceux qui pourront être désormais décernés
« dans cette solennité. Puissent ces récompenses être sou-
« vent données à des hommes aussi généreux que celui
« dont vous allez entendre l'histoire en quelques lignes.

« En 1845, un vicaire de Saint-Jean-Baptiste en cette
« ville, attristé par le vagabondage de beaucoup d'enfants

« pauvres abandonnés dans les rues, sans état, sans soins,
« sans direction, éprouve le besoin de les enlever à leur
« misère. Il commence par en habiller un certain nombre,
« les placer en apprentissage et pourvoir à leur nourriture.
« Bientôt, entraîné par son zèle, il renonce au vicariat,
« s'établit dans une petite maison avec une trentaine de
« ses enfants d'adoption, et passe 18 mois à les moraliser
« par le travail, sans s'arrêter aux frais que leur entretien
« lui impose.

« Mais quand un homme se considère comme habitant la
« maison du bon Dieu, et que les œuvres charitables
« autour de lui se multiplient sans cesse, il est toujours
« logé trop à l'étroit. Le saint prêtre a un patrimoine, il
« en fait le sacrifice ; il devient propriétaire et au bout de
« dix ans son orphelinat recueille cent-soixante-dix enfants :
« les uns, apprentis de 13 à 20 ans, travaillant en ville ;
« les autres, de 10 à 12 ans, retenus dans l'intérieur ;
« mais tous logés, nourris, entretenus. On demandait un
« jour au chef de cette belle institution d'où lui venaient
« les ressources qui l'alimentent ? C'est l'affaire de la Pro-
« vidence, répondit-il.

« En effet, les subventions de la ville, du département,
« de l'État, la pension de 6 à 20 francs par mois payée
« par la bienfaisance privée, par les hospices ou par les
« apprentis sur le produit de leur salaire, ne représentent
« que bien difficilement les frais occasionnés par chaque
« pensionnaire, et sont loin d'atteindre la somme de
« 40,000 fr. nécessaire à la marche de la maison.

« Mais que sont ces détails matériels à côté du but
« moral poursuivi avec persévérance, à côté des vertus
« bénies qui donnent de si touchants résultats ? Voyez le

« bienfaiteur à l'œuvre exerçant sur ses enfants, le jour,
« la fermeté du père, la nuit, la tendresse de la mère. Il
« couche au milieu d'eux, préside au lever, aux exercices,
« au repas, à l'étude ; il se mêle aux jeux, aux travaux,
« visite les ateliers. Conseils, réprimandes, encourage-
« ments, consolations, secours, tout ce qu'il a, il le leur
« donne.

« Aux mauvais instincts, il oppose une douceur inalté-
« rable, et ne prononce jamais une exclusion que s'il a
« épuisé tous les moyens de la plus ingénieuse bonté. Un
« bon père, disait-il un jour, ne doit mettre son fils à la
« porte qu'après avoir ouvert la fenêtre basse donnant sur
« la rue.

« Un de ses élèves, s'étant marié, vient lui conter la
« pauvreté de son ménage. Le père visite le logement, et
« le jour même un mobilier complet y est installé ; le
« poële y manque, c'est celui de sa propre chambre qu'il y
« envoie. Les outils, l'ouvrage, l'argent font rarement
« défaut à ceux de ses enfants qui s'établissent.

« Que de fois il s'est dépouillé des vêtements indispen-
« sables pour en couvrir des malheureux qui l'imploraient,
« de ses couvertures de lit pour réchauffer un enfant tombé
« malade au dortoir pendant la nuit !

« On dépasserait les bornes d'un discours si l'on énu-
« mérait les prodiges d'abnégation, de dévouement, d'in-
« telligence et de charité accomplis dans la maison du Pa-
« tronage et de préservation d'Arras. M. l'abbé Halluin,
« son vénérable fondateur, a bien mérité de ce pays !

« Sous la forme d'une simple médaille, nous sommes
« heureux de lui offrir le grand prix de vertu. » (Vifs ap-
plaudissements.)

Mgr Parisis, témoin éclairé de tout le bien produit par l'œuvre de M. Halluin, lui a légué une partie relativement importante de sa fortune : une somme 3,000 fr.

Dans la distribution solennelle qui a suivi l'Exposition universelle, S. M. l'Impératrice qui la présidait, a accordé à M. Halluin une médaille de première classe et une très-belle bannière qui perpétuera au milieu de ses enfants le souvenir de la Souveraine-Sœur de charité.

Puissent ces documents attirer sur l'établissement de M. Halluin la générosité sympathique de tous ceux qui s'intéressent à l'avenir de nos jeunes ouvriers. — En effet, il n'en existe peut-être pas en France où ils soient mieux préparés à la vie qui les attend à leur majorité. Placés en apprentissage dans la ville, ils sont exposés aux dangers qu'ils rencontreront plus tard, quand ils seront maîtres de leurs actions ; mais comme ils rentrent chaque soir dans la maison de M. Halluin, ils y trouvent les conseils et l'affection paternels qui les soutiennent et les dirigent et ils apprennent ainsi à se conduire au milieu des difficultés qu'ils retrouveront plus tard. Quand ils sont livrés à eux-mêmes, ils savent marcher. Tandis que ceux qui n'ont jamais quitté la maison, l'atelier où leur enfance s'est écoulée tout entière, entrent inexpérimentés dans la vie libre ; ils trébuchent et tombent souvent sur le terrain glissant où ils s'avancent et trop souvent ils ne se relèvent pas... Ils deviennent alors de mauvais sujets dangereux pour la société, au lieu de rester de bons ouvriers et de devenir des pères de familles honnêtes et courageux.

Arras, typ. Rousseau-Leroy.

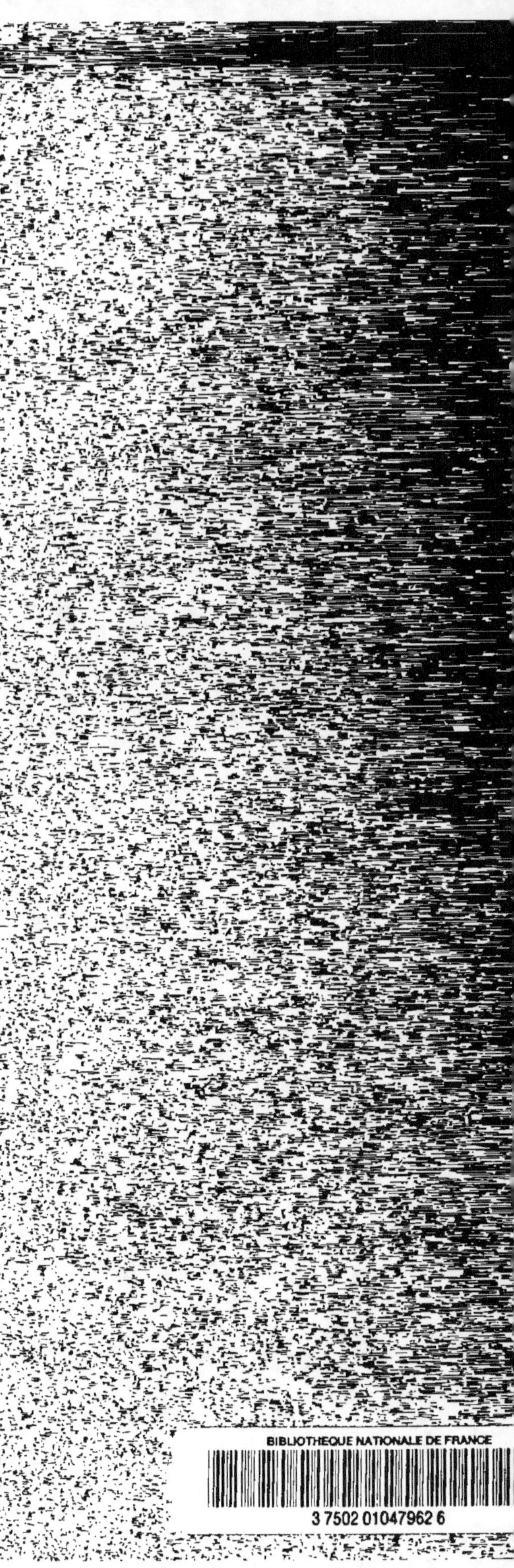